Impressum
Verlag: BABADADA GmbH, Nedderfeld 112 , 22529 Hamburg
Geschäftsführer / Verlagsleitung: Harald Hof
Druck: Books on Demand GmbH, In de Tarpen 42, 22848 Norderstedt

Imprint
Publisher: BABADADA GmbH, Nedderfeld 112 , 22529 Hamburg, Germany
Managing Director / Publishing direction: Harald Hof
Print: Books on Demand GmbH, In de Tarpen 42, 22848 Norderstedt

sekolah
koulu

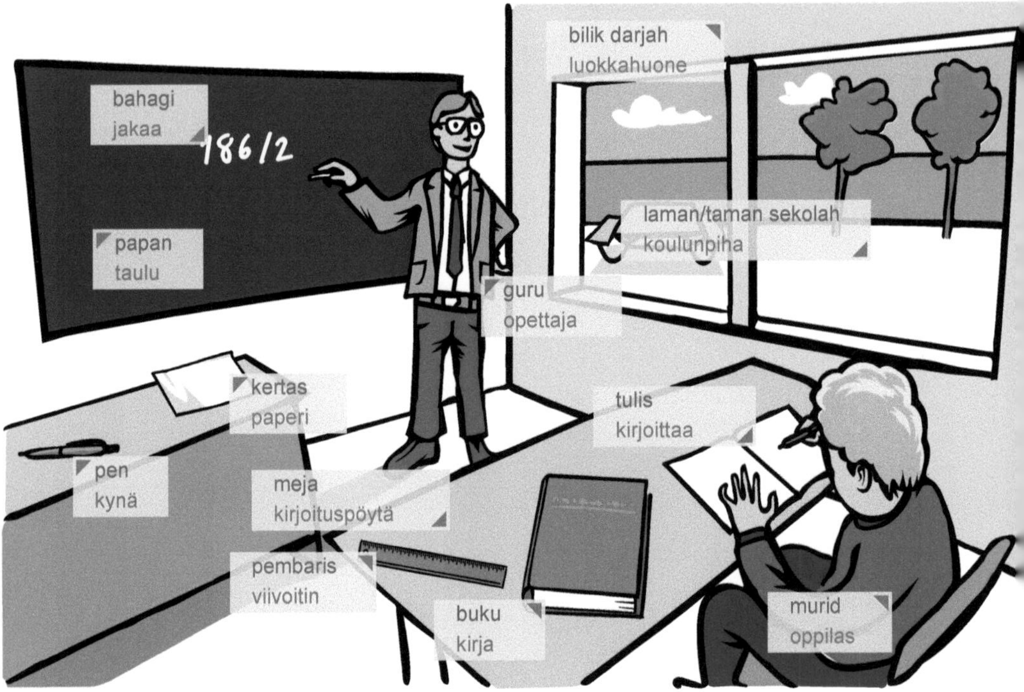
bilik darjah
luokkahuone
bahagi
jakaa
186/2
papan
taulu
laman/taman sekolah
koulunpiha
guru
opettaja
kertas
paperi
tulis
kirjoittaa
pen
kynä
meja
kirjoituspöytä
pembaris
viivoitin
buku
kirja
murid
oppilas

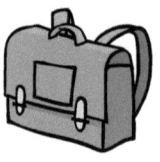

beg galas
....
reppu

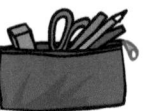

kotak pensel
....
penaali

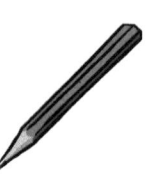

pensel
....
lyijykynä

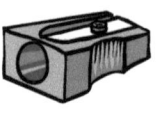

pengasah pensel
....
kynänteroitin

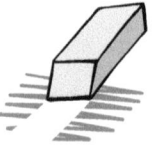

pemadam
....
pyyhekumi

kertas lukisan
....
piirustuslehtiö

melukis
piirustus

berus lukis
pensseli

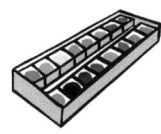

kotak warna
vesivärit

gunting
sakset

gam
liima

buku latihan
harjoituskirja

kerja rumah
kotitehtävä

nombor
luku

tambah
lisätä

tolak
vähentää

darab
kertoa

kira
laskea

huruf
kirjain

abjad
aakkoset

kata
sana

teks

teksti

baca

lukea

kapur

liitu

pelajaran

oppitunti

daftar

opettajan muistikirja

peperiksaan

koe

sijil

todistus

uniform sekolah

koulupuku

pendidikan

koulutus

ensiklopedia

sanakirja

universiti

yliopisto

mikroskop

mikroskooppi

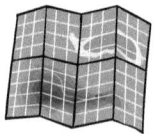

peta

kartta

bakul sampah

roskakori

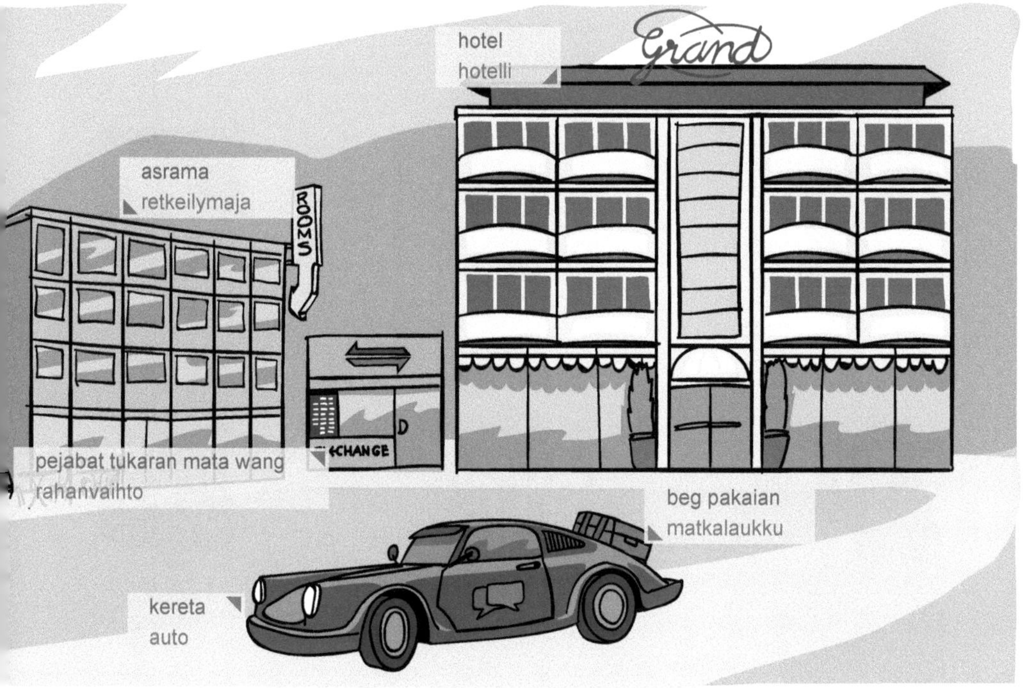

hotel
hotelli
Grand
asrama
retkeilymaja
ROOMS
pejabat tukaran mata wang
rahanvaihto
EXCHANGE
beg pakaian
matkalaukku
kereta
auto

bahasa

kieli

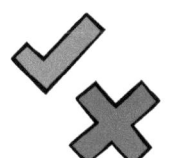

ya / tidak

kyllä / ei

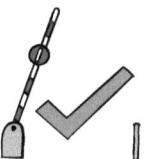

okey

selvä

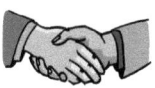

helo

hei

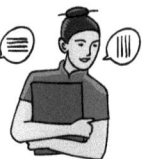

penterjemah

tulkki

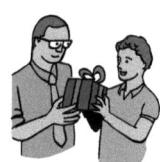

Terima kasih

kiitos

berapa banyak...?

Paljonko...maksaa?

saya tidak faham

en ymmärrä

masalah

ongelma

Selamat petang!

Hyvää iltaa!

Selamat Pagi!

Hyvää huomenta!

Selamat Malam!

Hyvää yötä!

selamat tinggal

näkemiin

arah

suunta

bagasi

matkatavarat

beg

laukku

beg galas

reppu

tetamu

vieras

bilik tidur

huone

beg tidur

makuupussi

khemah

teltta

maklumat pelancong

turisti-info

pantai

ranta

kad kredit

luottokortti

sarapan

aamupala

makan tengah hari

lounas

makan malam

päivällinen

tiket

matkalippu

lif

hissi

setem

postimerkki

sempadan

raja

kastam

tulli

kedutaan

suurlähetystö

visa

viisumi

pasport

passi

pengangkutan
kuljetus

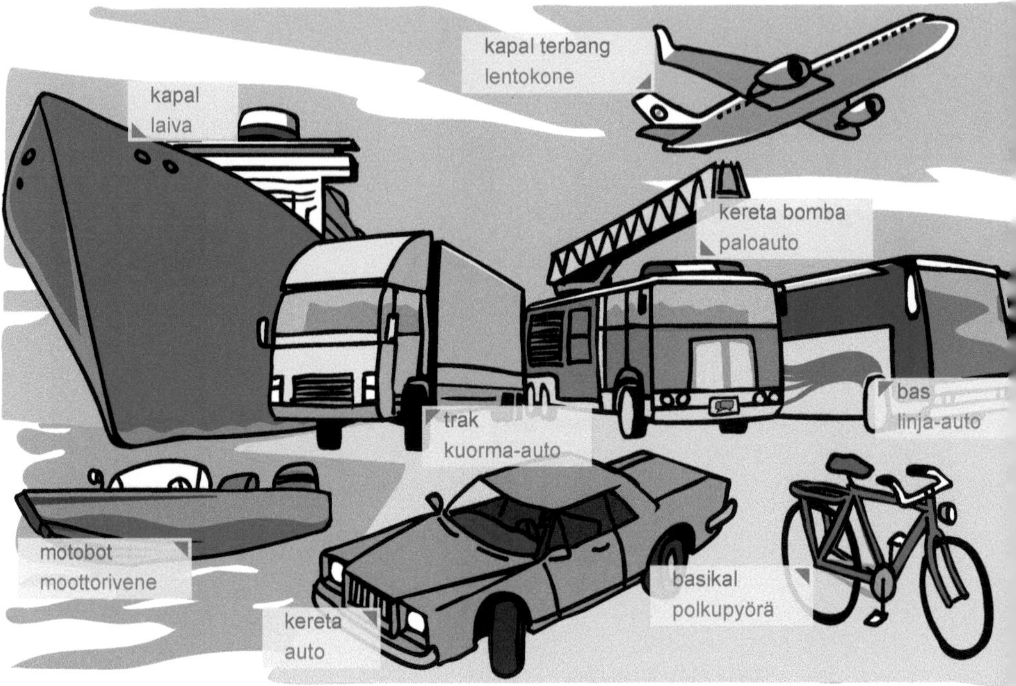
kapal terbang
lentokone
kapal
laiva
kereta bomba
paloauto
bas
linja-auto
trak
kuorma-auto
motobot
moottorivene
basikal
polkupyörä
kereta
auto

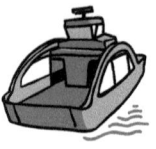

feri
lautta

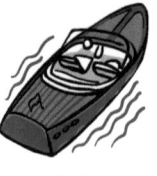

bot
vene

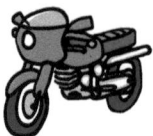

motosikal
moottoripyörä

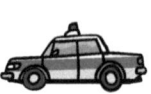

kereta polis
poliisiauto

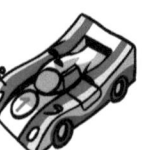

kereta lumba
kilpa-auto

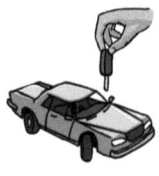

kereta sewa
vuokra-auto

berkongsi kereta

car sharing

trak tunda

hinausauto

trak menolak

roska-auto

motor

moottori

bahan api

polttoaine

stesen minyak

huoltoasema

tanda trafik

liikennemerkki

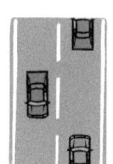

trafik

liikenne

kesesakan lalu lintas

ruuhka

tempat parkir

parkkipaikka

stesen kereta api

rautatieasema

trek

raiteet

kereta api

juna

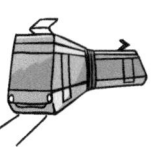

trem

raitiovaunu

gerabak

vaunu

helikopter

helikopteri

lapangan terbang

lentokenttä

Menara

lähilennonjohto

penumpang

matkustaja

bekas

kontti

kadbod

pahvilaatikko

kart

kärryt

bakul

kori

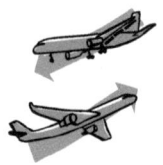

berlepas / mendarat

nousta / laskea

bandar
kaupunki

kampung

kylä

pusat bandar

keskusta

rumah

talo

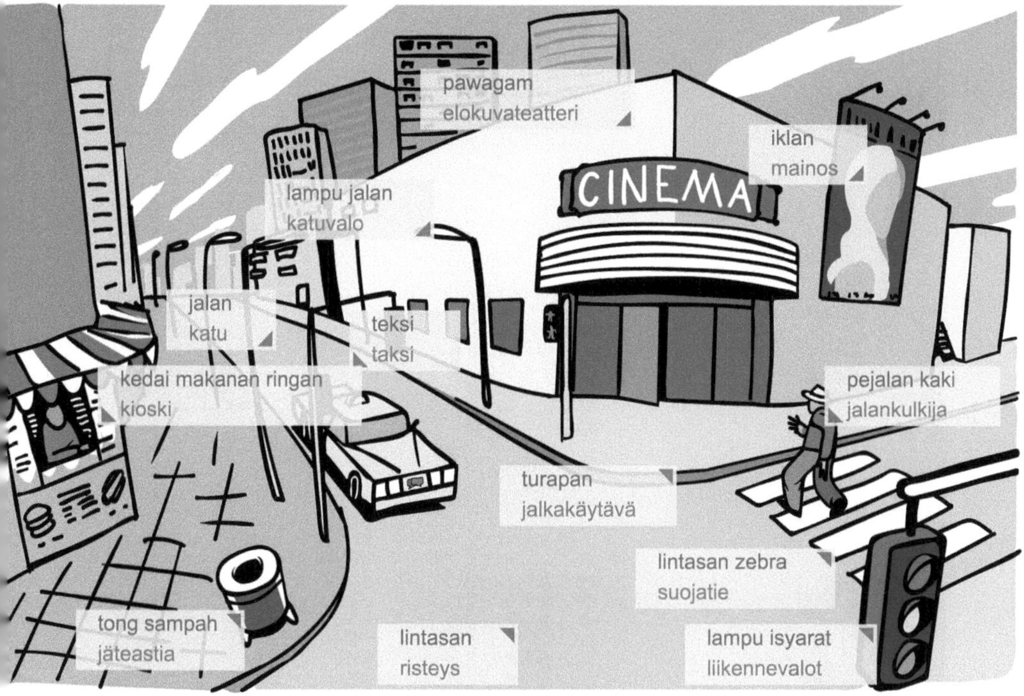

pawagam
elokuvateatteri

iklan
mainos

lampu jalan
katuvalo

CINEMA

jalan
katu

teksi
taksi

kedai makanan ringan
kioski

pejalan kaki
jalankulkija

turapan
jalkakäytävä

lintasan zebra
suojatie

tong sampah
jäteastia

lintasan
risteys

lampu isyarat
liikennevalot

pondok

mökki

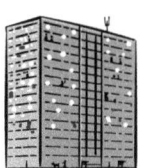

flat

kerrostalo

stesen kereta api

rautatieasema

dewan bandar

kaupungintalo

muzium

museo

sekolah

koulu

universiti

yliopisto

bank

pankki

hospital

sairaala

hotel

hotelli

farmasi

apteekki

pejabat

toimisto

kedai buku

kirjakauppa

kedai

liike

kedai bunga

kukkakauppa

pasar raya

supermarketti

pasaran

tori

gedung

tavaratalo

penjual ikan

kalakauppias

pusat membeli-belah

ostoskeskus

pelabuhan

satama

taman

puisto

bangku

penkki

jambatan

silta

tangga

portaat

bawah tanah

metro

terowong

tunneli

hentian bas

linja-autopysäkki

bar

baari

restoran

ravintola

peti surat

postilaatikko

papan tanda jalan

katukyltti

meter parkir

parkkimittari

zoo

eläintarha

kolam renang

uimala

masjid

moskeija

ladang
maatila

pencemaran
ympäristön saastuminen

tanah perkuburan
hautausmaa

gereja
kirkko

taman permainan
leikkikenttä

kuil
temppeli

landskap

maisema

daun
lehti

tiang tanda
tienviitta

jalan
tie

padang rumput
niitty

batu
kivi

pejalan kaki
retkeilijä

pokok
puu

sungai
joki

rumput
ruoho

bunga
kukka

lembah
laakso

bukit
vuori

tasik
järvi

hutan
metsä

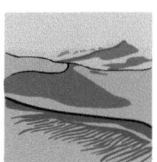

padang pasir
aavikko

gunung berapi
tulivuori

istana
linna

pelangi
sateenkaari

cendawan
sieni

pokok kelapa sawit
palmu

nyamuk
hyttynen

terbang
kärpänen

semut
muurahainen

lebah
mehiläinen

labah-labah
hämähäkki

kumbang

kovakuoriainen

katak

sammakko

tupai

orava

landak

siili

arnab

jänis

burung hantu

pöllö

burung

lintu

angsa

joutsen

babi jantan

villisika

rusa

peura

moose

hirvi

empangan

pato

turbin angin

tuulimylly

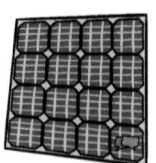

panel solar

aurinkopaneeli

iklim

ilmasto

restoran
ravintola

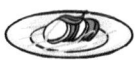

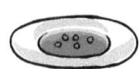

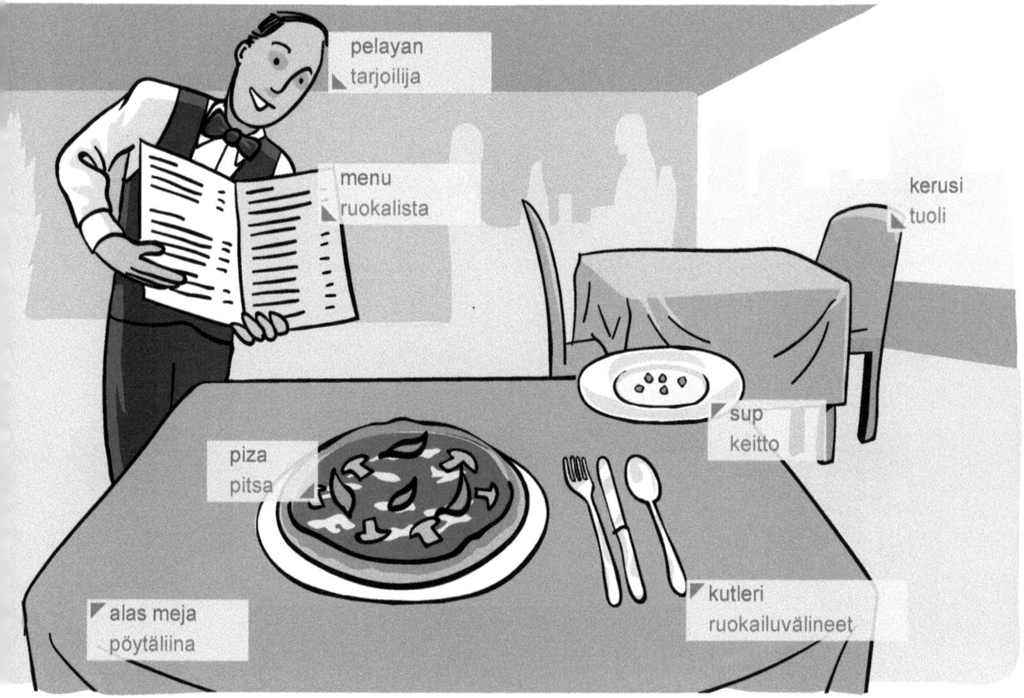
pelayan
tarjoilija
menu
ruokalista
kerusi
tuoli
sup
keitto
piza
pitsa
kutleri
ruokailuvälineet
alas meja
pöytäliina

pemula
alkuruoka

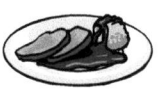

hidangan utama
pääruoka

pencuci mulut
jälkiruoka

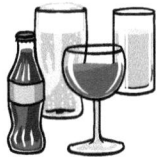

minuman
juomat

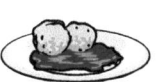

makanan
ruoka

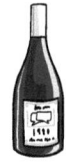

botol
pullo

makanan segera

pikaruoka

makanan jalanan

katuruoka

teko

teekannu

mangkuk gula

sokeriastia

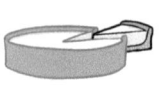

bahagian

annos

mesin espreso

espressokeitin

kerusi tinggi

syöttötuoli

bil

lasku

dulang

tarjotin

pisau

veitsi

garfu

haarukka

sudu

lusikka

sudu teh

teelusikka

serviette

servietti

gelas

lasi

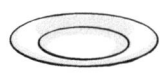

pinggan

lautanen

mangkuk sup

syvä lautanen

piring

aluslautanen

sos

kastike

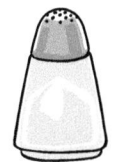

tempat garam

suolasirotin

pengisar lada

pippurimylly

cuka

etikka

minyak

öljy

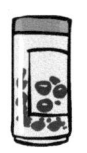

rempah

mausteet

sos

ketsuppi

mustard

sinappi

mayones

majoneesi

pasar raya
supermarketti

tawaran istimewa
tarjous
FOR
pelanggan
asiakas
tenusu
maitotuotteet
buah-buahan
hedelmät
troli
ostoskärryt

BUTCHERS

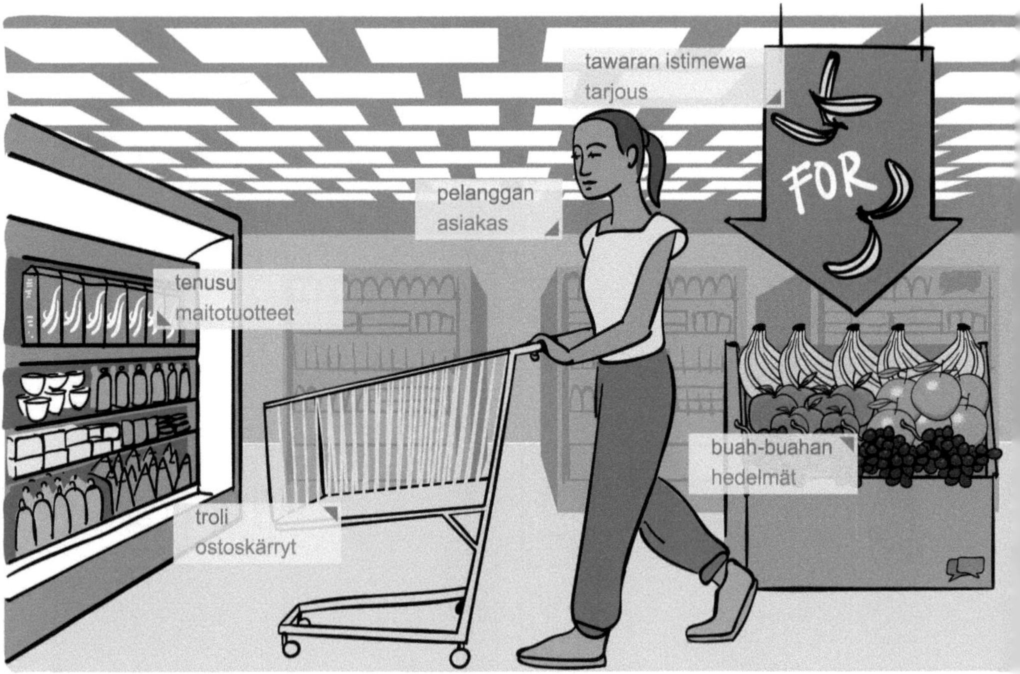

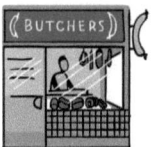

tukang daging

teurastamo

BAKERY

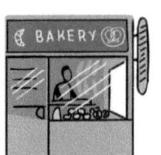

kedai roti

leipomo

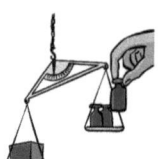

berat

punnita

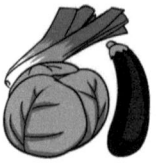

sayur-sayuran

kasvikset

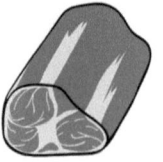

daging

liha

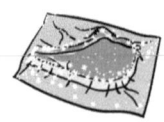

makanan sejuk beku

pakasteet

daging sejuk

leikkele

makanan dalam tin

säilykkeet

serbuk pencuci

pesujauhe

gula-gula

makeiset

produk isi rumah

kotitaloustarvikkeet

produk pembersihan

puhdistusaineet

orang jualan

myyjä

daftar tunai

kassa

juruwang

kassanhoitaja

senarai membeli-belah

ostoslista

waktu pembukaan

aukioloajat

beg duit

lompakko

kad kredit

luottokortti

beg

kassi

beg plastik

muovipussi

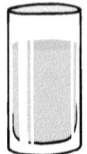

air

vesi

jus

mehu

susu

maito

kola

kokis

wain

viini

bir

olut

alkohol

alkoholi

koko

kaakao

the

tee

kopi

kahvi

espreso

espresso

kapucino

cappuccino

pisang

banaani

epal

omena

oren

appelsiini

tembikai

meloni

lemon

sitruuna

lobak merah

porkkana

bawang putih

valkosipuli

buluh

bambu

bawang

sipuli

cendawan

sieni

kacang

pähkinät

mi

spagetti

spageti

spagetti

nasi

riisi

salad

salaatti

kerepek

ranskalaiset

kentang goreng

paistetut perunat

piza

pitsa

hamburger

hampurilainen

sandwic

voileipä

kutlet

leike

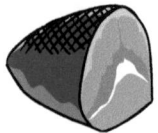

ham

kinkku

salami

salami

sosej

makkara

ayam

kana

panggang

paisti

ikan

kala

bubur oat	muesli	emping jagung
kaurahiutaleet	mysli	murot

tepung	kroisan	roti roll
jauho	voisarvi	sämpylä

roti	roti bakar	biskut
leipä	paahtoleipä	keksit

mentega	dadih	kek
voi	rahka	kakku
		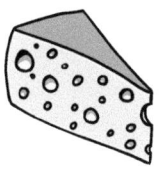
telur	telur goreng	keju
kananmuna	paistettu kananmuna	juusto

ais krim

jäätelö

gula

sokeri

madu

hunaja

jem

hillo

krim nougat

suklaapähkinälevite

kari

curry

makanan - ruoka

ladang
maatila

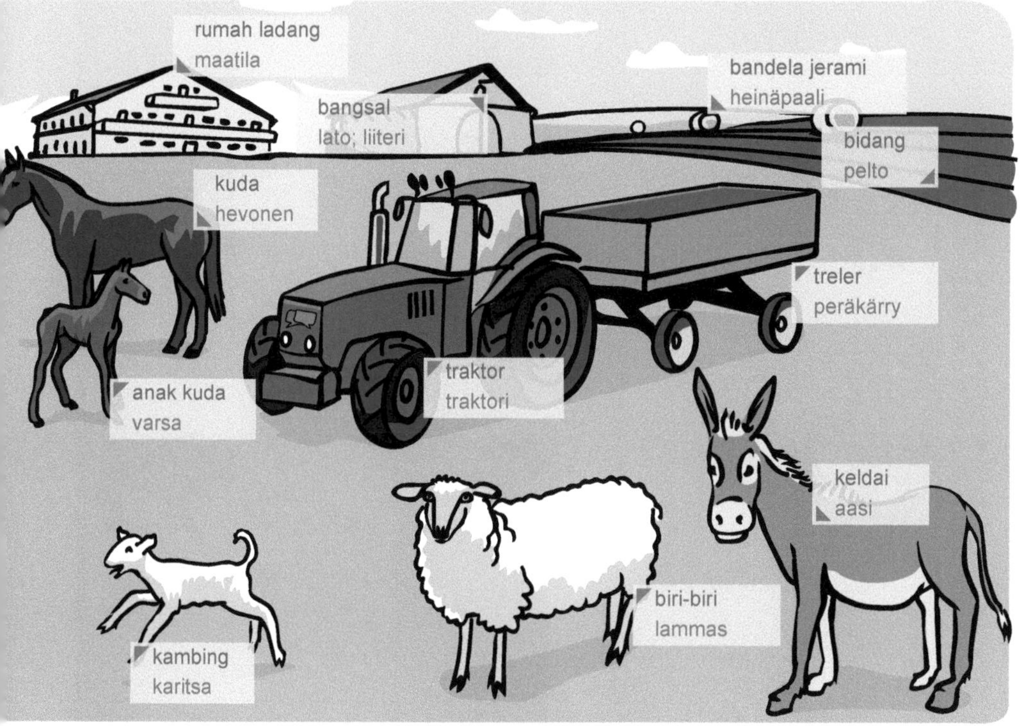
rumah ladang
maatila
bangsal
lato; liiteri
bandela jerami
heinäpaali
bidang
pelto
kuda
hevonen
treler
peräkärry
anak kuda
varsa
traktor
traktori
keldai
aasi
biri-biri
lammas
kambing
karitsa

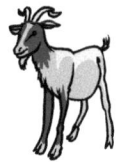

kambing

vuohi

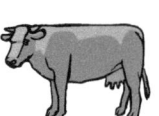

lembu

lehmä

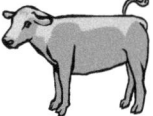

anak lembu

vasikka

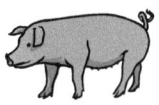

babi

sika

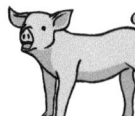

anak babi

porsas

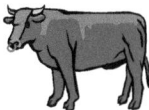

lembu

sonni

angsa

hanhi

itik

ankka

anak ayam

tipu

ayam betina

kana

ayam jantan muda

kukko

tikus

rotta

kucing

kissa

tikus

hiiri

lembu jantan

härkä

anjing

koira

rumah anjing

koirankoppi

hos taman

puutarhaletku

bekas siraman

kastelukannu

sabit

viikate

bajak

aura

sabit
sirppi

cangkul
kuokka

serampang peladang
talikko

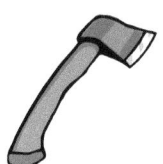

kapak
kirves

kereta sorong
kottikärryt

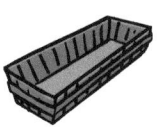

palung
kaukalo

tin susu
maitokannu

karung
säkki

pagar
aita

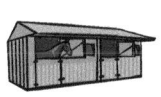

stabil
talli

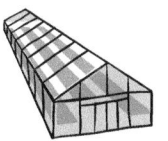

rumah hijau
kasvihuone

tanah
maa

benih
siemen

baja
lannoite

jentuai
leikkuupuimuri

tuai

kerätä sato

menuai

sato

keladi

jamssit

gandum

vehnä

soya

soija

kentang

peruna

jagung

maissi

biji sawi

rypsi

pokok buah-buahan

hedelmäpuu

ubi kayu

maniokki

bijirin

vilja

rumah
talo

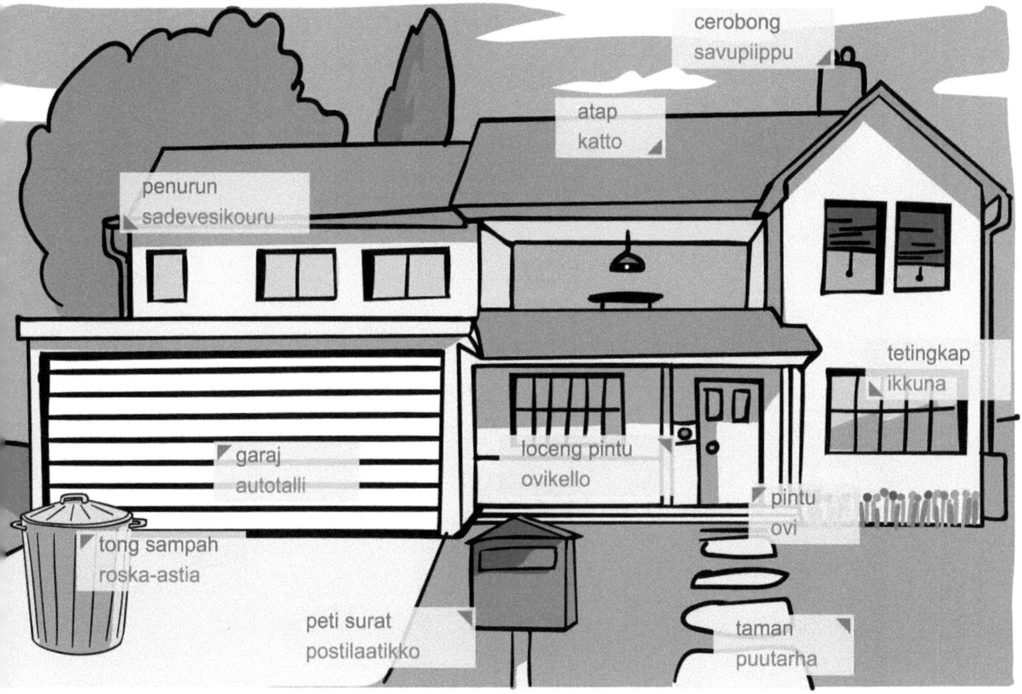
cerobong
savupiippu
atap
katto
penurun
sadevesikouru
tetingkap
ikkuna
garaj
autotalli
loceng pintu
ovikello
pintu
ovi
tong sampah
roska-astia
peti surat
postilaatikko
taman
puutarha

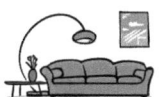

ruang tamu

olohuone

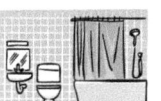

bilik air

kylpyhuone

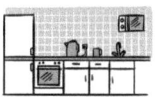

dapur

keittiö

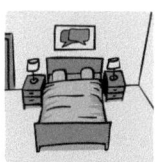

bilik tidur

makuuhuone

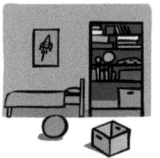

bilik kanak-kanak

lastenhuone

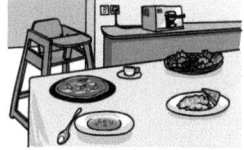

ruang makan

ruokahuone

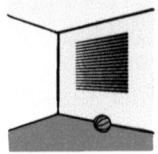

lantai

lattia

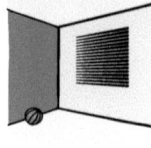

dinding

seinä

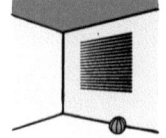

siling

katto

bilik bawah tanah

kellari

sauna

sauna

balkoni

parveke

teres

terassi

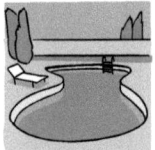

kolam renang

uima-allas

pemotong rumput

ruohonleikkuri

lembaran

lakana

penutup tilam

päiväpeitto

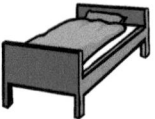

katil

sänky

penyapu

harja

timba

ämpäri

suis

katkaisin

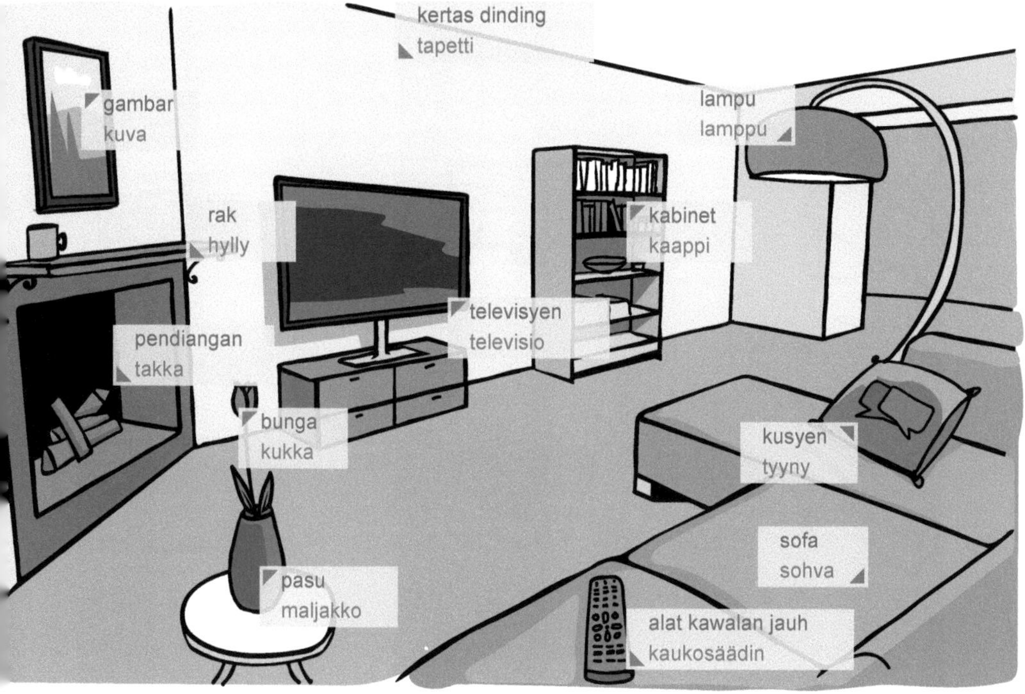

kertas dinding
tapetti

gambar
kuva

lampu
lamppu

rak
hylly

kabinet
kaappi

pendiangan
takka

televisyen
televisio

bunga
kukka

kusyen
tyyny

pasu
maljakko

sofa
sohva

alat kawalan jauh
kaukosäädin

permaidani
matto

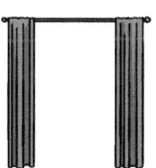

tirai
verho

meja
pöytä

kerusi
tuoli

kerusi malas
keinutuoli

kerusi
nojatuoli

buku
kirja

selimut
peitto

hiasan
koriste

kayu api
polttopuut

filem
elokuva

hi-fi
stereot

kunci
avain

akhbar
sanomalehti

lukisan
maalaus

poster
juliste

radio
radio

buku catatan
muistivihko

penyedut habuk
pölynimuri

kaktus
kaktus

lilin
kynttilä

dapur
keittiö

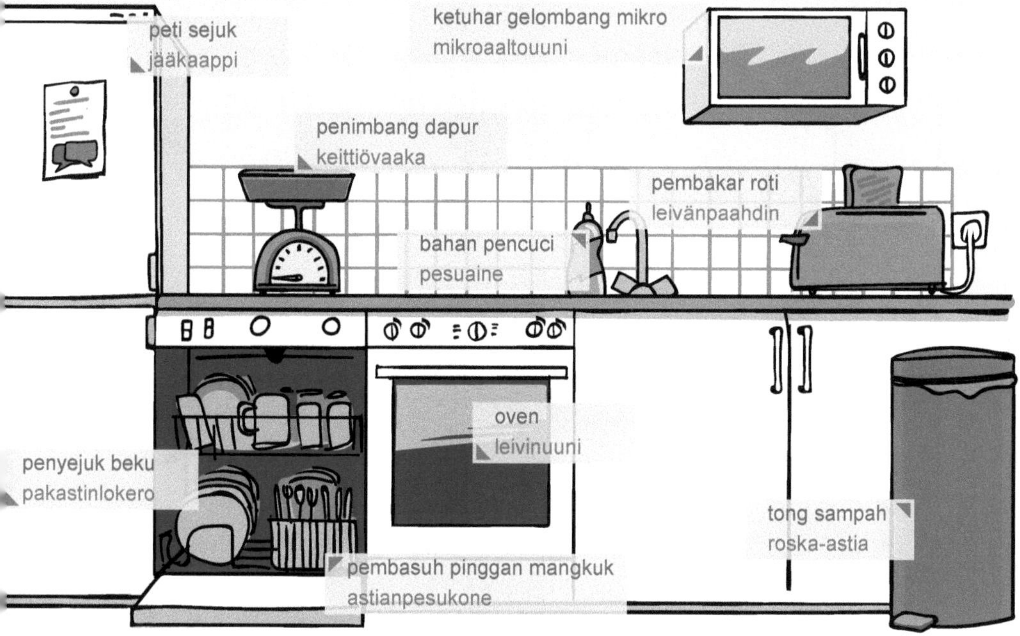
peti sejuk
jääkaappi
ketuhar gelombang mikro
mikroaaltouuni
penimbang dapur
keittiövaaka
pembakar roti
leivänpaahdin
bahan pencuci
pesuaine
oven
leivinuuni
penyejuk beku
pakastinlokero
tong sampah
roska-astia
pembasuh pinggan mangkuk
astianpesukone

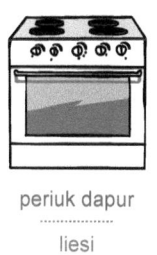

periuk dapur

liesi

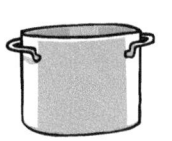

periuk

kattila

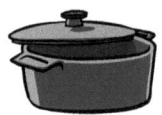

periuk besi

rautapata

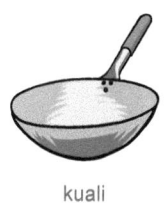

kuali

okkipannu / kadai-pannu

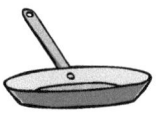

pan

paistinpannu

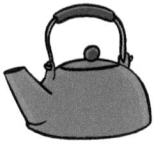

cerek

teepannu

pengukus

höyrykeitin

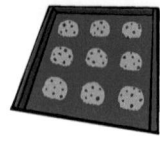

dulang pembakar

uunipelti

pinggan mangkuk

astiat

koleh

muki

mangkuk

kulho

penyepit

syömäpuikot

senduk

kauha

spatula

paistinlasta

pengadun

vispilä

penapis

siivilä

ayak

siivilä

pemarut

raastin

mortar

mortteli

barbeku

grilli

pembakaran terbuka

avotuli

papan pencincang

leikkuulauta

pin golekan

kaulin

skru gabus

korkinavaaja

tin

purkki

pembuka tin

purkinavaaja

pemegang periuk

pannulappu

sinki

lavuaari

berus

tiskiharja

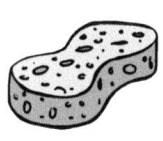

span

pesusieni

pengisar

tehosekoitin

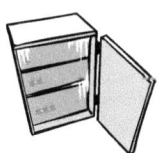

penyejuk beku

pakastin

botol bayi

tuttipullo

paip

vesihana

bilik air

kylpyhuone

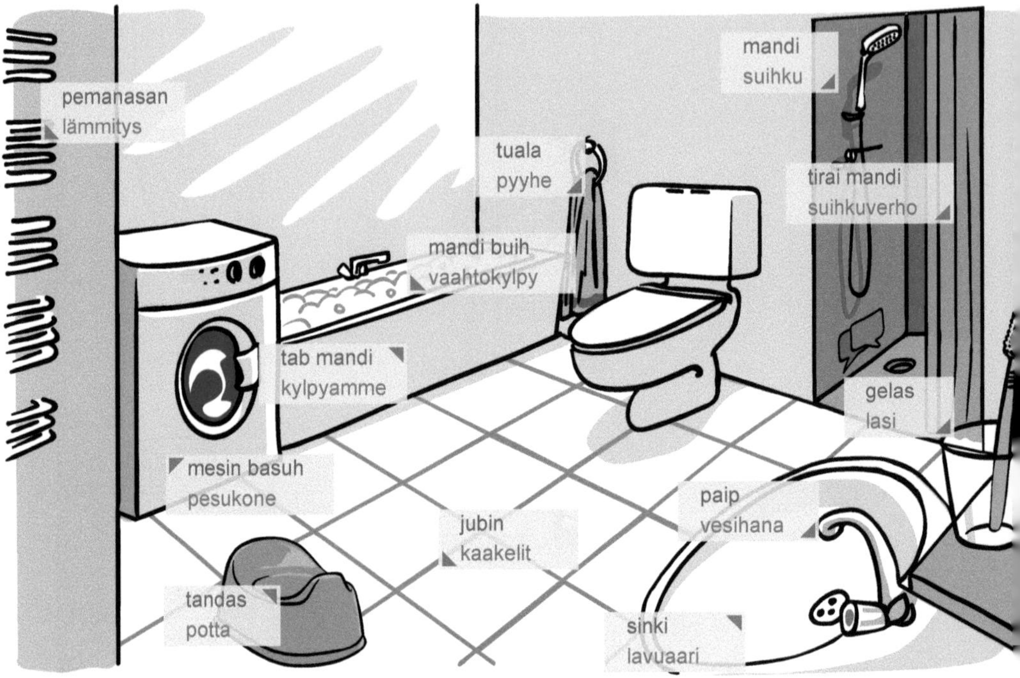

pemanasan
lämmitys
tuala
pyyhe
mandi
suihku
tirai mandi
suihkuverho
mandi buih
vaahtokylpy
tab mandi
kylpyamme
gelas
lasi
mesin basuh
pesukone
paip
vesihana
jubin
kaakelit
tandas
potta
sinki
lavuaari

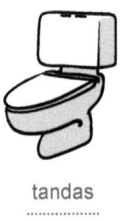

tandas

vessa

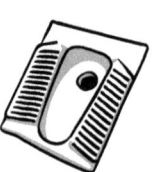

tandas mencangkung

kyykkyvessa

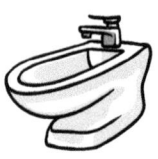

mangkuk tandas

bidee

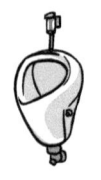

tandas awam

pisuaari

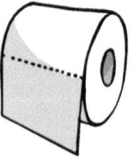

kertas tandas

vessapaperi

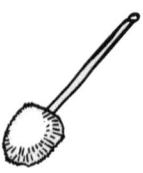

berus tandas

vessaharja

berus gigi

ubat gigi

ubat gigi

hammasharja

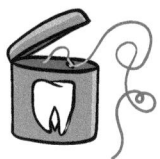

flos gigi

hammaslanka

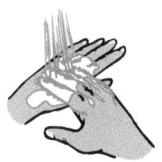

cuci

pestä

mandian tangan

käsisuihku

pancuran

intiimisuihku

besen

pesuvati

belakang berus

selkäharja

sabun

saippua

gel mandian

suihkugeeli

syampu

shampoo

flanel

pesulappu

longkang

viemäri

krim

voide

deodoran

deodorantti

cermin

peili

cermin tangan

käsipeili

pisau cukur

partaveitsi

busa cukur

partavaahto

selepas cukur

partavesi

sikat

kampa

berus

harja

pengering rambut

hiustenkuivaaja

semburan rambut

hiuslakka

mekap

meikki

gincu

huulipuna

varnis kuku

kynsilakka

bulu kapas

pumpuli

gunting kuku

kynsisakset

pewangi

hajuvesi

beg basuhan

kosmetiikkalaukku

bangku

jakkara

skala berat

vaaka

jubah mandi

kylpytakki

sarung tangan getah

kumihansikkaat

kapas

tamponi

tuala wanita

terveysside

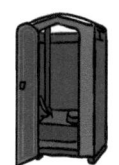

tandas kimia

kemiallinen wc

bilik kanak-kanak
lastenhuone

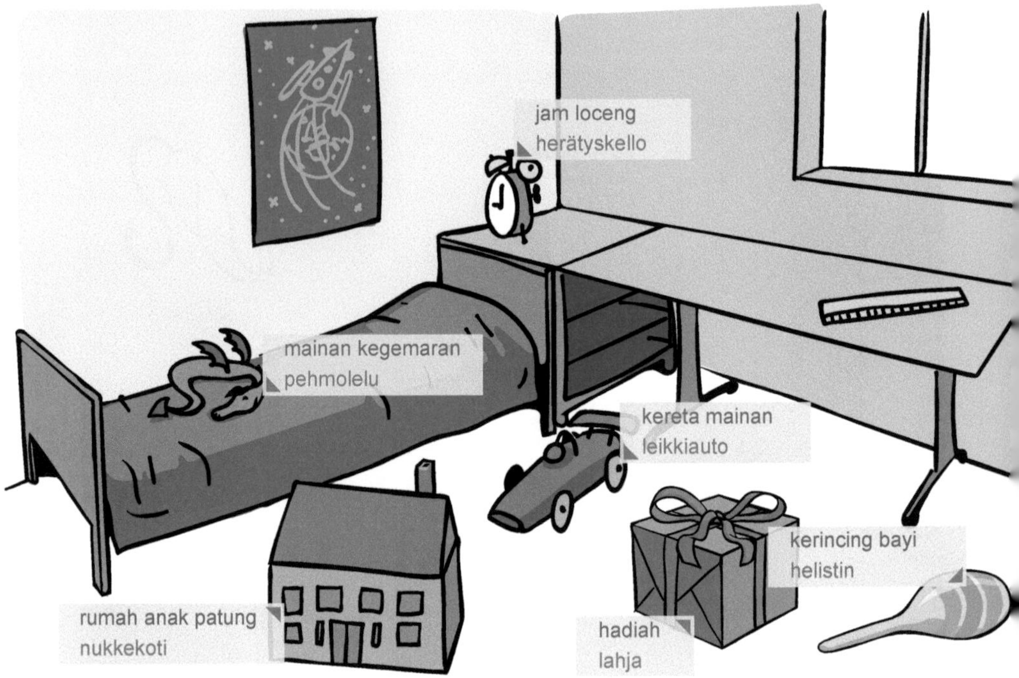

jam loceng
herätyskello
mainan kegemaran
pehmolelu
kereta mainan
leikkiauto
kerincing bayi
helistin
rumah anak patung
nukkekoti
hadiah
lahja

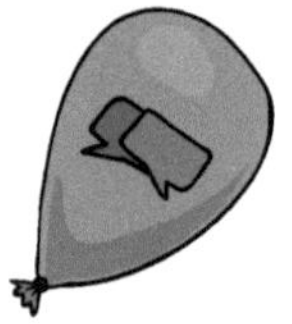

belon

ilmapallo

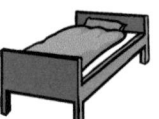

katil

sänky

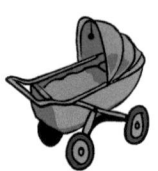

kereta sorong bayi

lastenvaunut

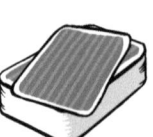

set kad

korttipeli

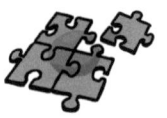

susun suai gambar

palapeli

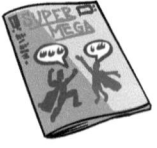

komik

sarjakuva

batu bata lego

legopalikat

blok mainan

rakennuspalikat

figura aksi

supersankari

baju bayi

potkupuku

frisbee

frisbee

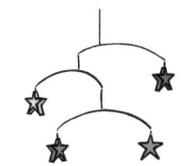

mainan bayi mudah alih

mobile

permainan papan

lautapeli

dadu

noppa

set model kereta api

pienoisjunarata

palsu

tutti

parti

juhlat

buku bergambar

kuvakirja

bola

pallo

anak patung

nukke

main

leikkiä

lubang pasir

hiekkalaatikko

buai

keinu

mainan

lelut

konsol permainan video

pelikonsoli

basikal roda tiga

kolmipyörä

anak patung beruang

nalle

almari pakaian

vaatekaappi

pakaian

vaatteet

stoking

sukat

stoking

nylonsukat

ketat

sukkahousut

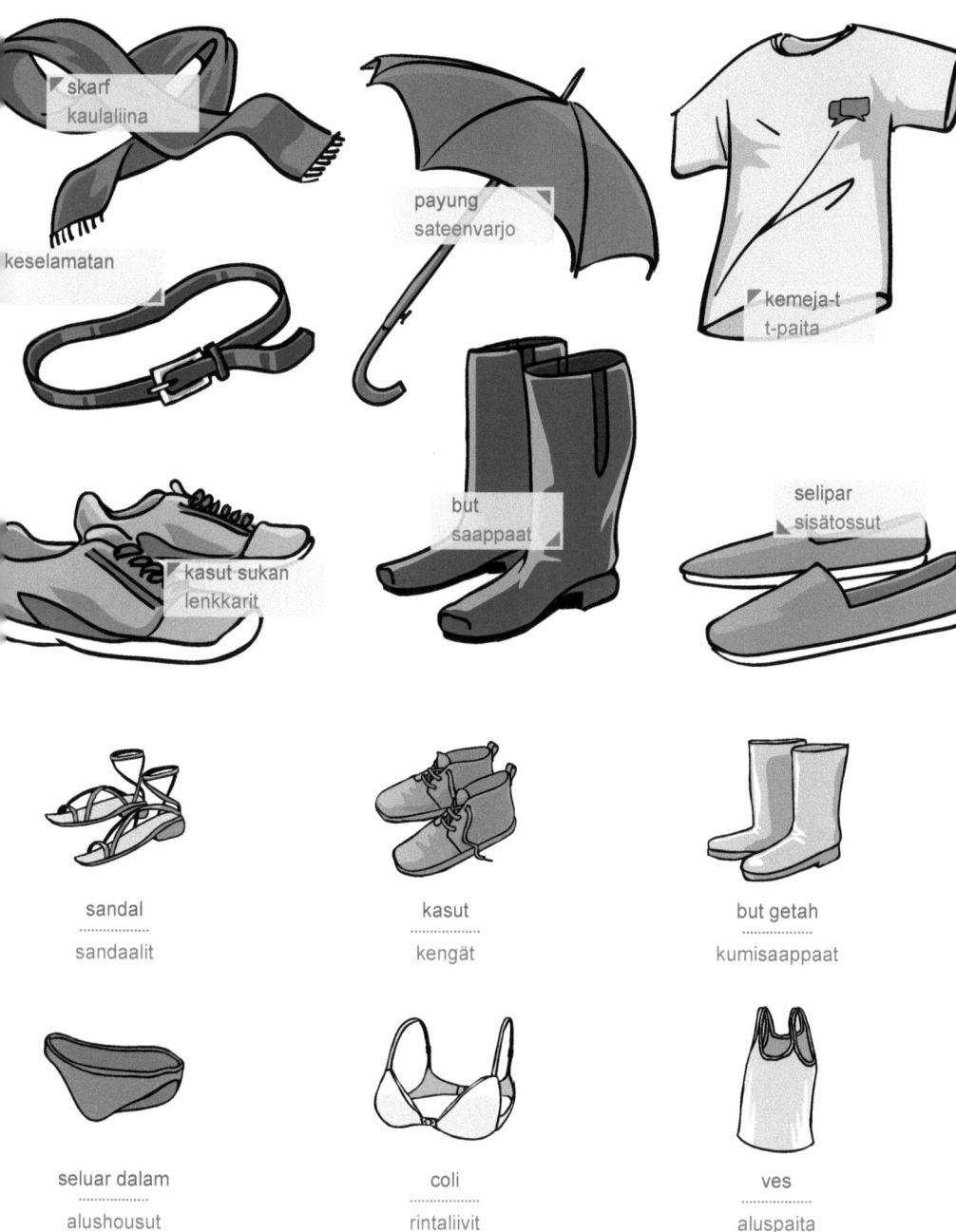

skarf
kaulaliina

keselamatan

payung
sateenvarjo

kemeja-t
t-paita

kasut sukan
lenkkarit

but
saappaat

selipar
sisätossut

sandal	kasut	but getah
sandaalit	kengät	kumisaappaat
seluar dalam	coli	ves
alushousut	rintaliivit	aluspaita

badan
body

Seluar panjang
housut

jean
farkut

skirt
hame

blaus
pusero

kemeja
paita

baju panas sarung
villapaita

sweater
collegepaita

blazer
jakku

jaket
takki

kot
takki

baju hujan
sadetakki

kostum
puku

pakaian
mekko

baju pengantin
hääpuku

sut
puku

baju tidur
yöpaita

baju tidur
pyjama

sari
shari

skarf kepala
päähuivi

serban
turbaani

burqa
burka

kaftan
kaftaani

abaya/jubah
abaya

baju renang
uimapuku

seluar renang
uimahousut

seluar pendek
shortsit

sut balapan
verkkarit

apron
esiliina

sarung tangan
käsineet

butang

nappi

cermin mata

silmälasit

gelang tangan

rannekoru

rantai leher

kaulakoru

cincin

sormus

subang

korvakoru

topi

lippalakki

penyangkut kot

ripustin

topi

hattu

tali leher

solmio

zip

vetoketju

topi keledar

kypärä

pendakap

henkselit

uniform sekolah

koulupuku

seragam

univormu

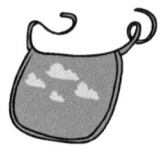

lapik dada

ruokalappu

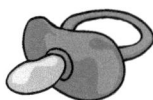

palsu

tutti

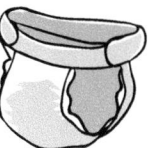

lampin

vaippa

pejabat

toimisto

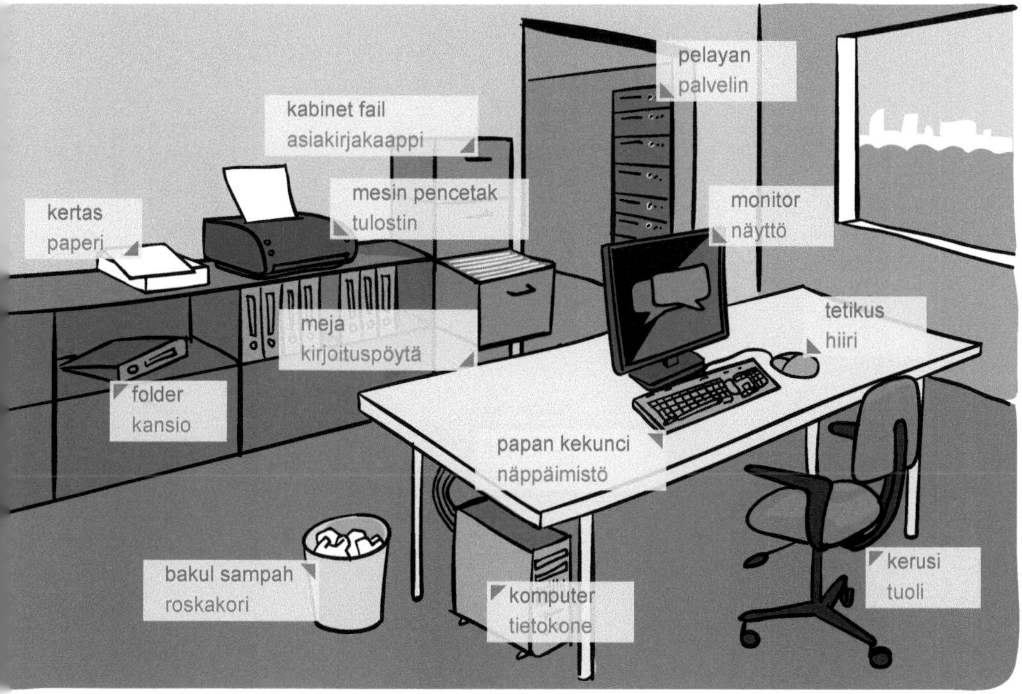

pelayan
palvelin
kabinet fail
asiakirjakaappi
kertas
paperi
mesin pencetak
tulostin
monitor
näyttö
tetikus
hiiri
meja
kirjoituspöytä
folder
kansio
papan kekunci
näppäimistö
bakul sampah
roskakori
komputer
tietokone
kerusi
tuoli

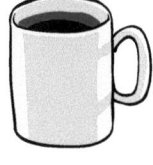

cawan kopi

kahvimuki

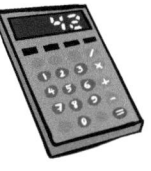

kalkulator

taskulaskin

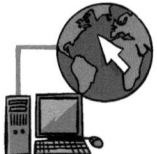

internet

internet

komputer riba
....
kannettava tietokone

surat
....
kirje

mesej
....
viesti

mudah alih
....
kännykkä

rangkaian
....
verkko

mesin fotokopi
....
kopiokone

perisian
....
ohjelmisto

telefon
....
puhelin

soket plag
....
pistorasia

mesin faks
....
faksi

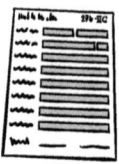

bentuk
....
lomake

dokumen
....
asiakirja

pejabat - toimisto

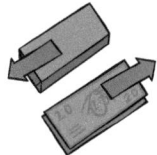

beli
ostaa

bayar
maksaa

berdagang
vaihtaa

wang
raha

dolar
dollari

euro
euro

yen
jeni

rubel
rupla

franc swiss
frangi

renminbi yuan
renminbi juan

rupee
rupia

mata tunai
pankkiautomaatti

pejabat tukaran mata wang

rahanvaihto

emas

kulta

perak

hopea

minyak

öljy

tenaga

energia

harga

hinta

kontrak

sopimus

cukai

vero

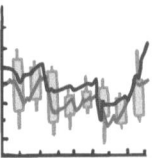

stok

osake

kerja

työskennellä

pekerja

työntekijä

majikan

työnantaja

kilang

tehdas

kedai

liike

ekonomi - talous

pekerjaan
ammatit

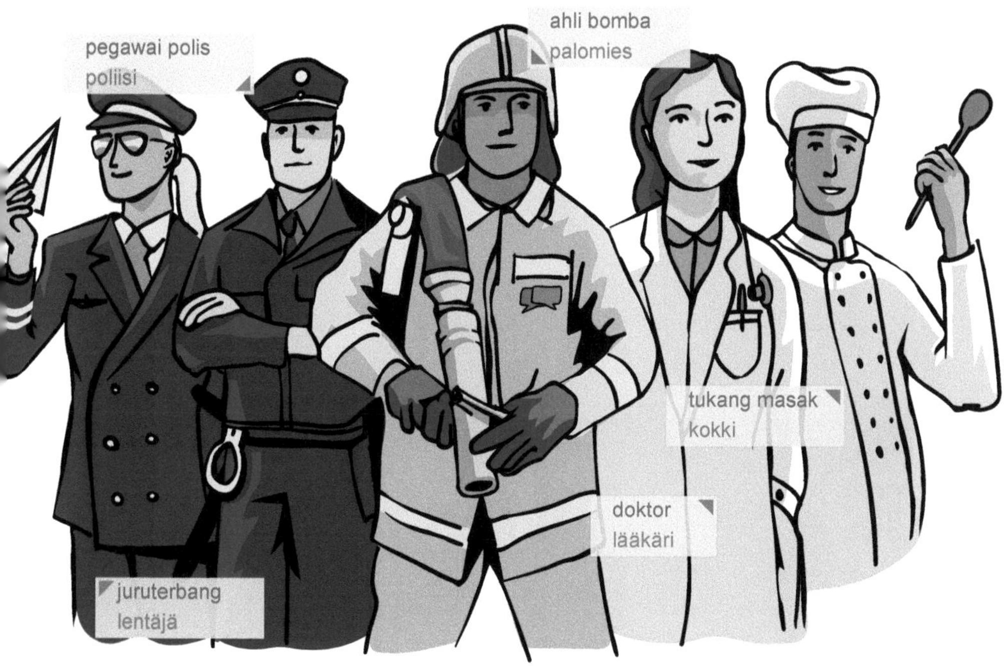

pegawai polis
poliisi
ahli bomba
palomies
tukang masak
kokki
doktor
lääkäri
juruterbang
lentäjä

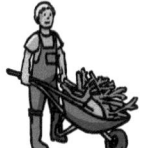

tukang kebun

puutarhuri

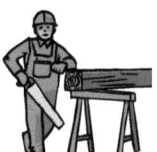

tukang kayu

puuseppä

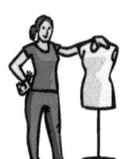

tukang jahit

ompelija

hakim

tuomari

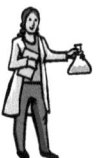

ahli kimia

kemisti

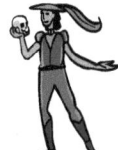

pelakon

näyttelijä

pemandu bas

linja-autonkuljettaja

pemandu teksi

taksinkuljettaja

nelayan

kalastaja

wanita pencuci

siivooja

kasau

katontekijä

pelayan

tarjoilija

pemburu

metsästäjä

pelukis

maalari

bakeri

leipuri

juruelektrik

sähköasentaja

pembangun

rakentaja

jurutera

insinööri

penjual daging

teurastaja

tukang paip

putkiasentaja

posmen

postinjakaja

askar

sotilas

arkitek

arkkitehti

juruwang

kassanhoitaja

kedai bunga

floristi

pendandan rambut

kampaaja

konduktor

konduktööri

mekanik

mekaanikko

kapten

kapteeni

doktor gigi

hammaslääkäri

ahli sains

tiedemies

tuhanku

rabbi

imam

imaami

sami

munkki

paderi

pappi

alat

työkalut

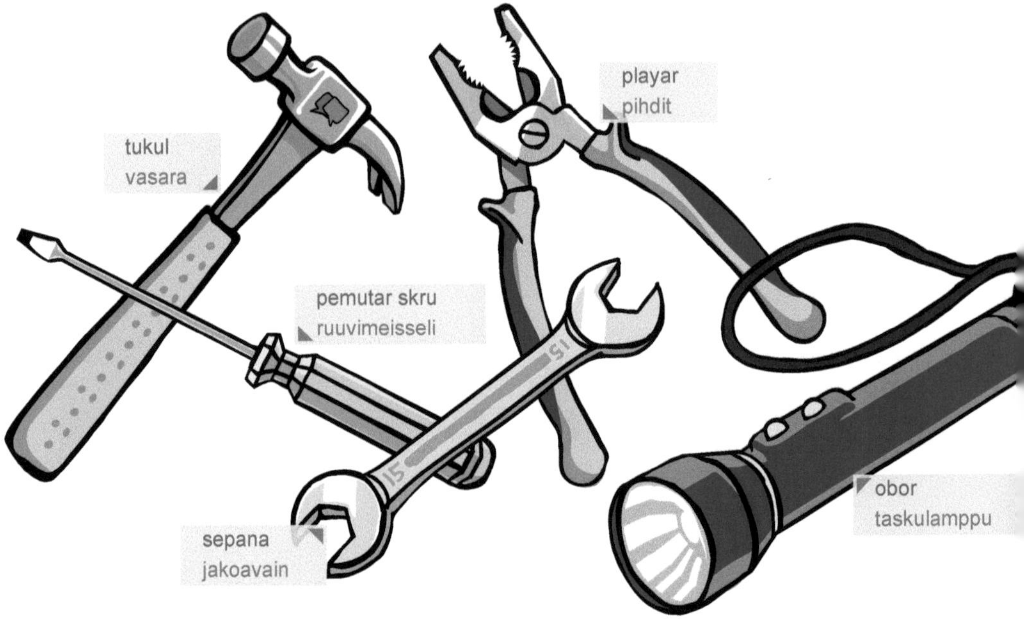
tukul
vasara
playar
pihdit
pemutar skru
ruuvimeisseli
sepana
jakoavain
obor
taskulamppu

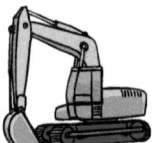

pengorek

kaivinkone

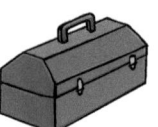

kotak peralatan

työkalupakki

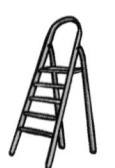

tangga

tikkaat

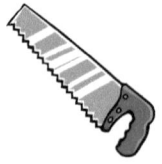

gergaji

saha

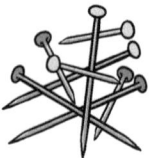

kuku

naulat

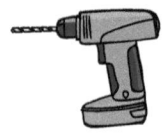

gerudi

pora

baiki

korjata

penyodok

lapio

Celaka!

Hitto!

penadah sampah

rikkalapio

periuk cat

maalipurkki

skru

ruuvit

alat muzik
soittimet

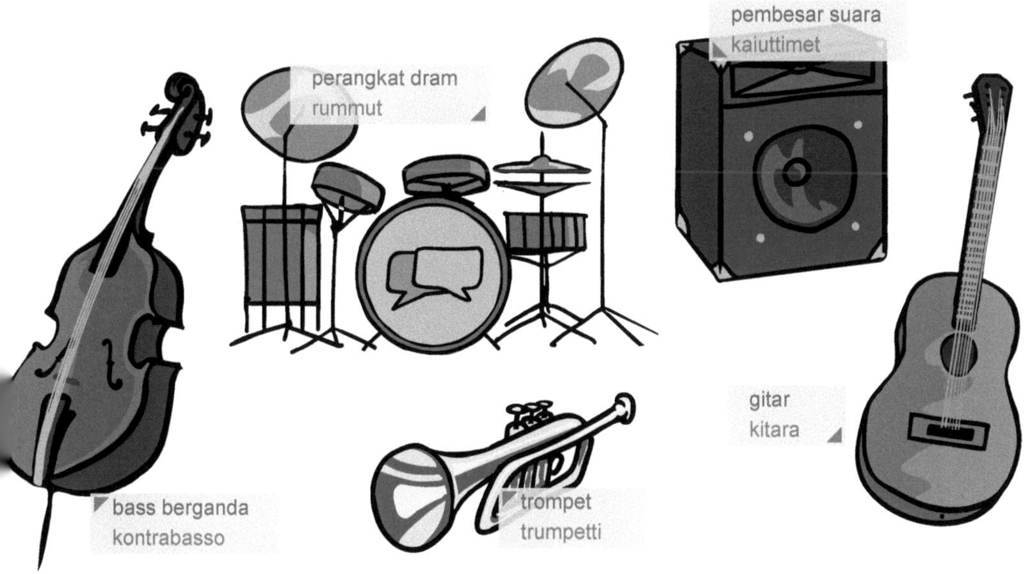

perangkat dram
rummut

pembesar suara
kaiuttimet

gitar
kitara

bass berganda
kontrabasso

trompet
trumpetti

piano

piano

biola

viulu

bass

basso

timpani

patarummut

dram

rumpu

papan kekunci

kosketinsoitin

saksofon

saksofoni

seruling

huilu

mikrofon

mikrofoni

zoo
eläintarha

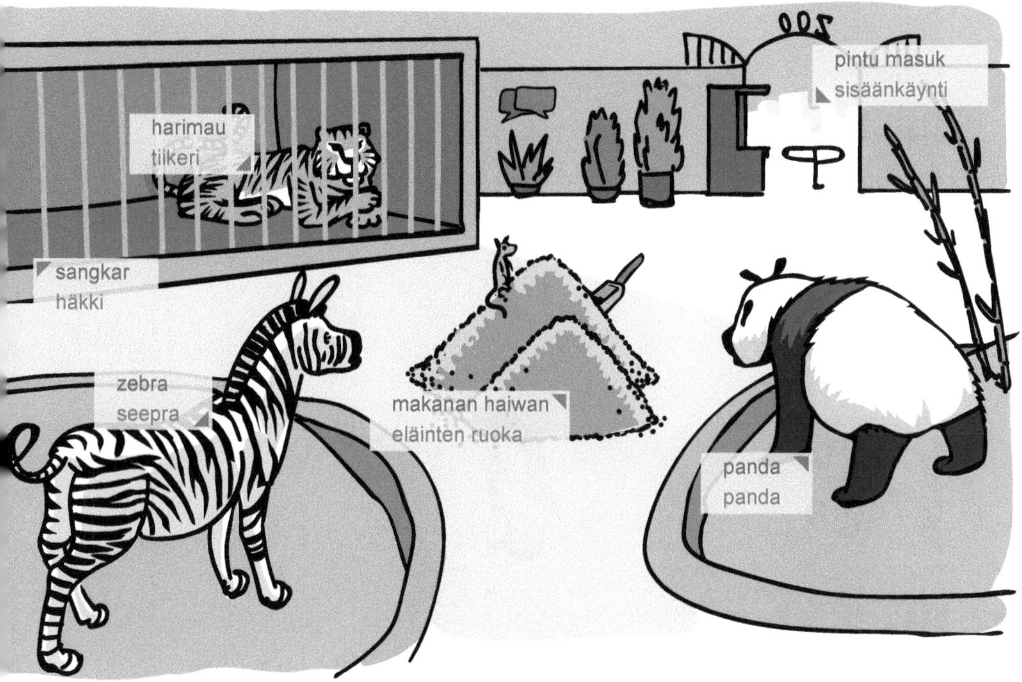
pintu masuk
sisäänkäynti
harimau
tiikeri
sangkar
häkki
zebra
seepra
makanan haiwan
eläinten ruoka
panda
panda

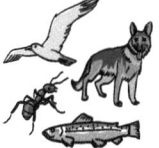

haiwan

eläimet

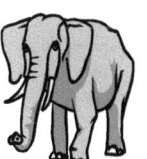

gajah

norsu

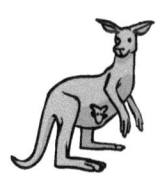

kanggaru

kenguru

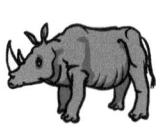

badak sumbu

sarvikuono

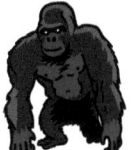

gorila

gorilla

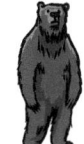

beruang

karhu

unta
kameli

burung unta
strutsi

singa
leijona

monyet
apina

flamingo
flamingo

nuri
papukaija

beruang kutub
jääkarhu

penguin
pingviini

yu
hai

merak
riikinkukko

ular
käärme

buaya
krokotiili

penjaga zoo
eläintarhanhoitaja

anjing laut
hylje

jaguar
jaguaari

kuda
poni

harimau
leopardi

badak air
virtahepo

zirafah
kirahvi

helang
kotka

babi jantan
villisika

ikan
kala

penyu
kilpikonna

anjing laut
mursu

musang
kettu

rusa
gaselli

bola sepak Amerika
amerikkalainen jalkapallo

berbasikal
pyöräily

tenis
tennis

bola keranjang
koripallo

renang
uinti

tinju
nyrkkeily

hoki ais
jääkiekko

bola sepak
jalkapallo

badminton
sulkapallo

olahraga
yleisurheilu

bola baling
käsipallo

ski
hiihto

polo
poolo

ketawa
nauraa

lompat
hypätä

peluk
halata

menyanyi
laulaa

berjalan
kävellä

mimpi
unelmoida

berdoa
rukoilla

cium
suudella

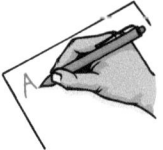

tulis
kirjoittaa

lukis
piirtää

tunjuk
näyttää

tolak
painaa

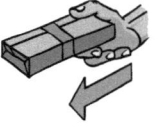

beri
antaa

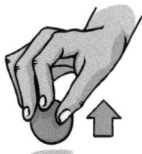

ambil
ottaa

ada

omistaa

buat

tehdä

ialah

olla

berdiri

seisoa

lari

juosta

tarik

vetää

buang

heittää

jatuh

kaatua

tipu

maata

tunggu

odottaa

bawa

kantaa

duduk

istua

pakai

pukeutua

tidur

nukkua

bangkit

herätä

aktiviti - aktiviteetit

lihat pada

katsoa

menangis

itkeä

strok

silittää

sikat

kammata

cakap

puhua

faham

ymmärtää

tanya

kysyä

dengar

kuunnella

minum

juoda

makan

syödä

mengemas

siivota

sayang

rakastaa

masak

keittää

pandu

ajaa

terbang

lentää

belayar

purjehtia

kira

laskea

baca

lukea

belajar

oppia

kerja

työskennellä

nikah

mennä naimisiin

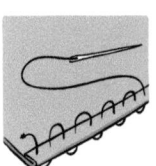

jahit

ommella

memberus gigi

pestä hampaat

bunuh

tappaa

asap

tupakoida

hantar

lähettää

aktiviti - aktiviteetit

nenek
mummo

datuk
ukki

bapa
isä

ibu
äiti

bayi
vauva

anak perempuan
tytär

anak lelaki
poika

tetamu

vieras

mak cik

täti

pak cik

setä

abang

veli

kakak

sisko

badan
vartalo

dahi
otsa
mata
silmä
bahu
olkapää
jari
sormet
muka
kasvot
dagu
leuka
tangan
käsi
kaki
jalka
dada
rinta
lengan
käsivarsi

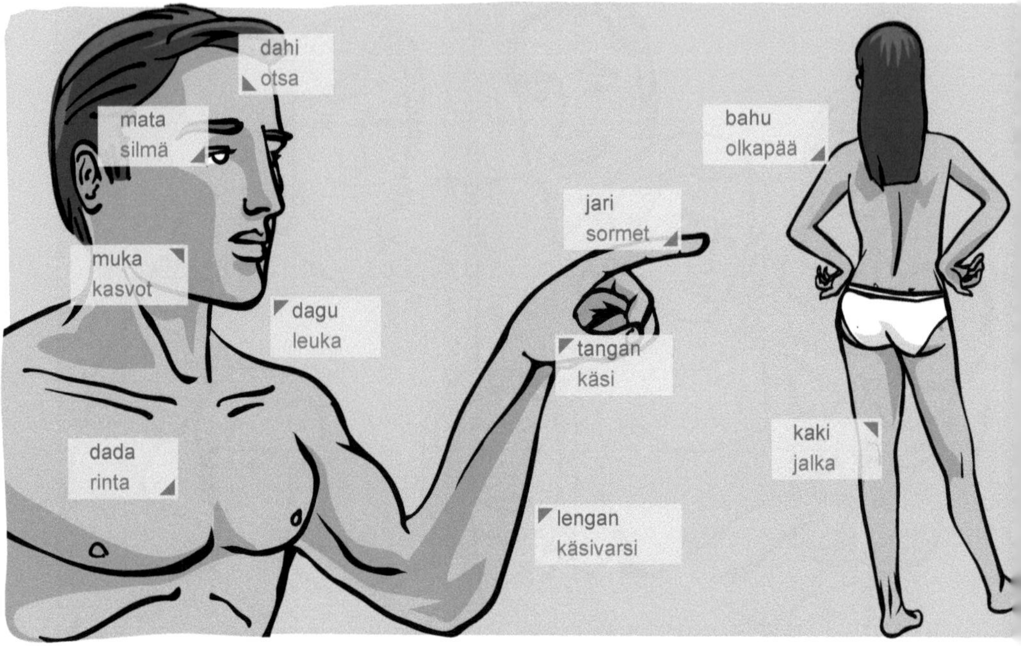

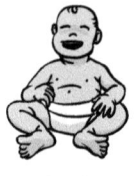

bayi
vauva

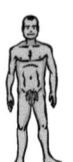

lelaki
mies

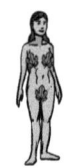

wanita
nainen

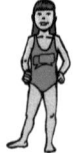

perempuan
tyttö

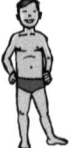

lelaki
poika

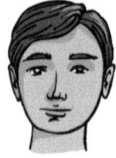

kepala
pää

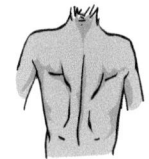

belakang
selkä

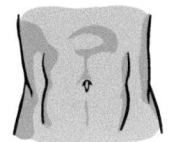

bawah perut
maha

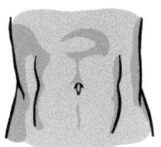

pusat
napa

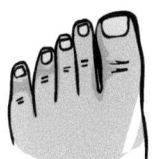

jari kaki
varvas

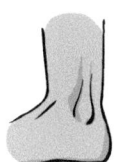

tumit
kantapää

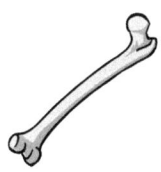

tulang
luu

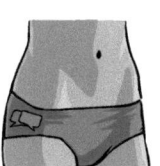

pinggul
lantio

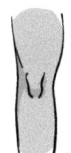

lutut
polvi

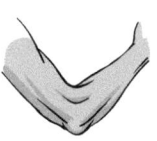

siku
kyynärpää

hidung
nenä

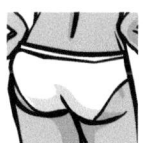

bawah
takapuoli

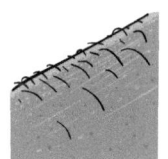

kulit
iho

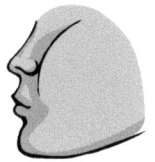

pipi
poski

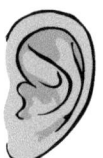

telinga
korva

bibir
huuli

mulut
suu

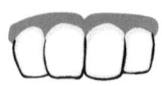

gigi
hammas

lidah
kieli

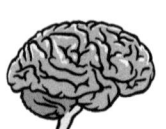

otak
aivot

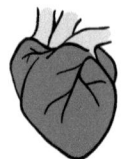

hati
sydän

otot
lihas

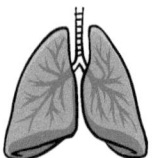

paru-paru
keuhkot

hati
maksa

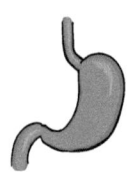

perut
vatsa

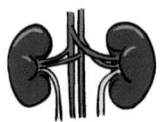

buah pinggang
munuaiset

seks
seksi

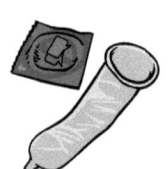

kondom
kondomi

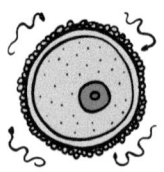

faraj
munasolu

mani
sperma

mengandung
raskaus

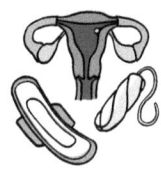

haid

kuukautiset

faraj

vagina

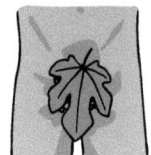

penis

penis

kening

kulmakarvat

rambut

hiukset

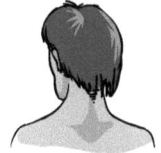

leher

niska

hospital
sairaala

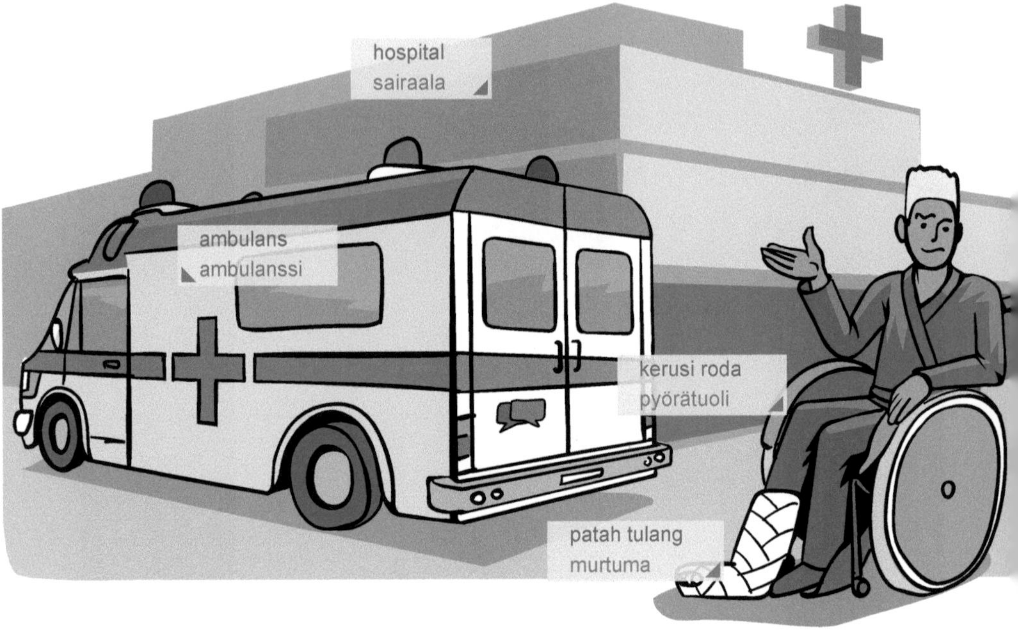

hospital
sairaala
ambulans
ambulanssi
kerusi roda
pyörätuoli
patah tulang
murtuma

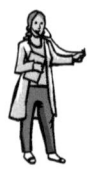

doktor

lääkäri

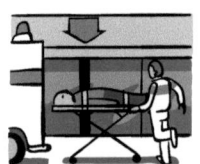

bilik kecemasan

ensiapu

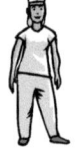

jururawat

sairaanhoitaja

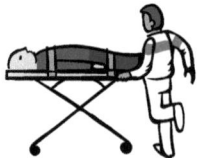

kecemasan

hätätilanne

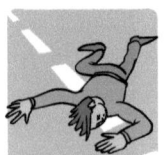

tak sedar

tajuton

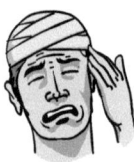

sakit

kipu

kecederaan

vamma

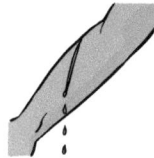

pendarahan

verenvuoto

serangan jantung

sydänkohtaus

strok

aivoinfarkti

alergi

allergia

batuk

yskä

demam

kuume

selesema

flunssa

cirit-birit

ripuli

sakit kepala

päänsärky

kanser

syöpä

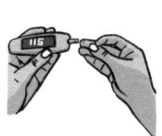

diabetes

diabetes

pakar bedah

kirurgi

pisau bedah

veitsi

pembedahan

leikkaus

CT
ct

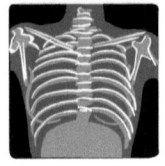

x-ray
röntgen

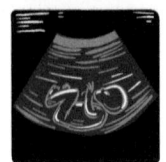

ultrabunyi
ultraääni

topeng muka
maski

penyakit
sairaus

bilik menunggu
odotushuone

penongkat
sauva

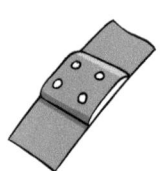

plaster
laastari

pembalut
side

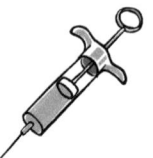

suntikan
pistos

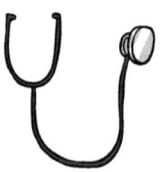

stetoskop
stetoskooppi

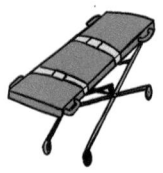

pengusung
paarit

termometer klinik
kuumemittari

kelahiran
syntymä

berat badan berlebihan
ylipaino

alat pendengaran

kuulolaite

disinfektan

desinfiointiaine

jangkitan

infektio

virus

virus

HIV / AIDS

HIV / AIDS

perubatan

lääke

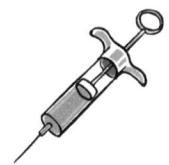

vaksinasi

rokotus

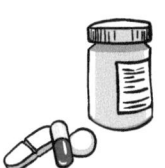

tablet

tabletit

pil

pilleri

panggilan kecemasan

hätäpuhelu

pantau tekanan darah

verenpainemittari

sakit / sihat

sairas / terve

Tolong!

Apua!

penggera

hälytys

serang

ryöstö

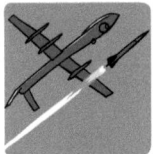

serangan

hyökkäys

bahaya

vaara

pintu kecemasan

hätäuloskäynti

Api!

Tulipalo!

alat pemadam api

palosammutin

kemalangan

onnettomuus

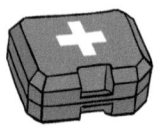

alat pertolongan cemas

ensiapulaukku

SOS

SOS

polis

poliisilaitos

Eropah
....
Eurooppa

Amerika Utara
....
Pohjois-Amerikka

Amerika Selatan
....
Etelä-Amerikka

Afrika
....
Afrikka

Asia
....
Aasia

Australia
....
Australia

Atlantic
....
Atlantin valtameri

Pasifik
....
Tyynimeri

Lautan Hindi
....
Intian valtameri

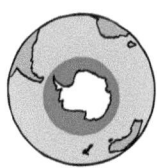

Lautan Antartik
....
Eteläinen jäämeri

Lautan Artik
....
Pohjoinen jäämeri

Kutub utara
....
pohjoisnapa

Kutub Selatan
etelänapa

Antartika
Antarktis

bumi
maa

tanah
maa

laut
meri

pulau
saari

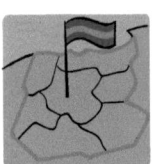

negara
kansa

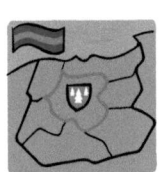

negeri
osavaltio

muka jam

kellotaulu

tangan jam

tuntiviisari

tangan minit

minuuttiviisari

terpakai

sekuntiviisari

Jam berapa sekarang

Paljonko kello on?

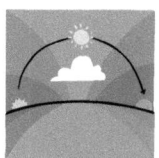

hari

päivä

masa

aika

sekarang

nyt

jam digital

digitaalikello

minit

minuutti

jam

tunti

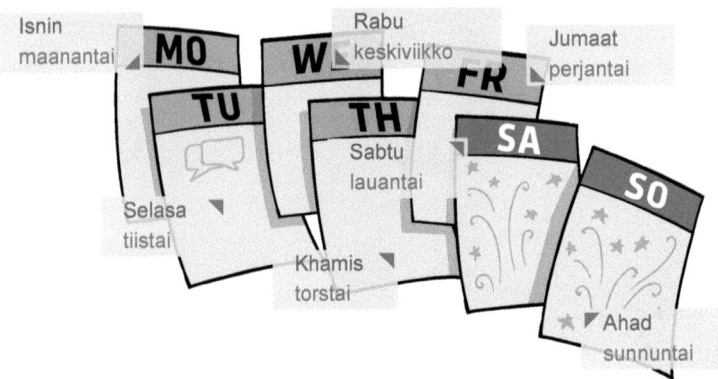

Isnin
maanantai

MO

W keskiviikko
Rabu

Jumaat
perjantai

FR

TU

TH

SA

Sabtu
lauantai

SO

Selasa
tiistai

Khamis
torstai

Ahad
sunnuntai

semalam
....
eilen

hari ini
....
tänään

esok
....
huomenna

pagi
....
aamu

tengah hari
....
keskipäivä

petang
....
ilta

hari kerja
....
työpäivät

hari minggu
....
viikonloppu

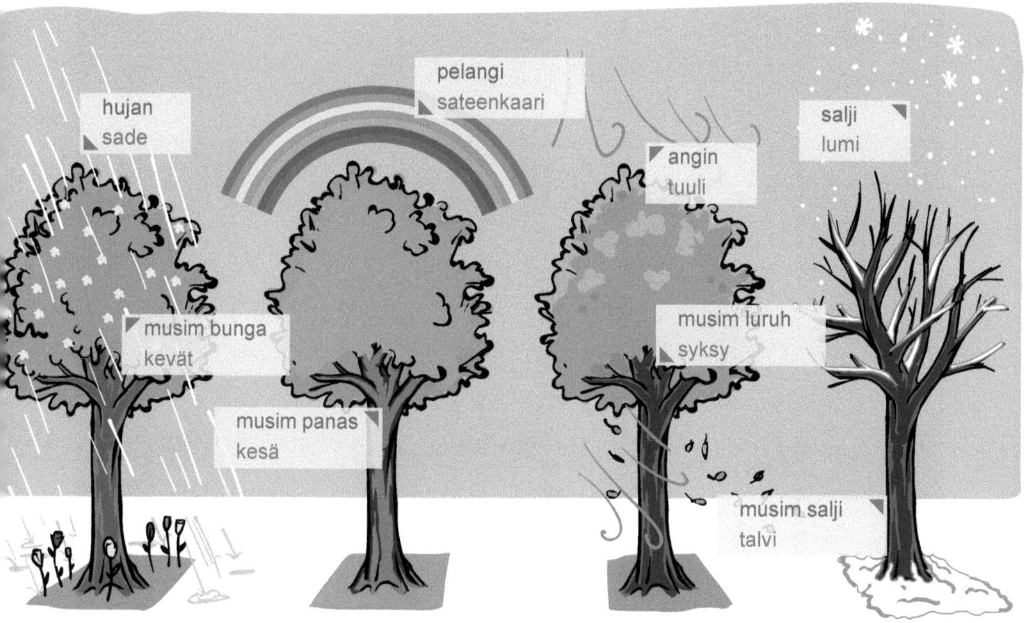

hujan
sade

pelangi
sateenkaari

angin
tuuli

salji
lumi

musim bunga
kevät

musim luruh
syksy

musim panas
kesä

musim salji
talvi

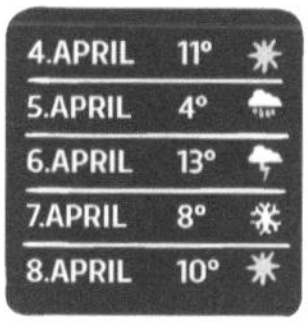

4.APRIL	11°	☀
5.APRIL	4°	☁
6.APRIL	13°	🌧
7.APRIL	8°	☀
8.APRIL	10°	☀

ramalan cuaca
....
sääennuste

termometer
....
lämpömittari

sinar matahari
....
auringonpaiste

awan
....
pilvi

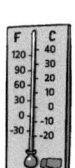

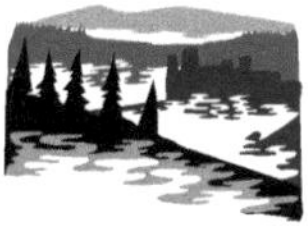

kabus
....
sumu

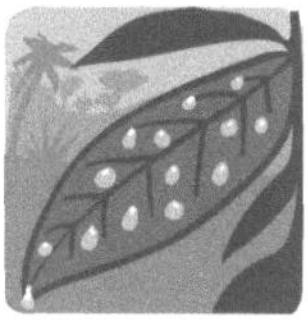

lembapan
....
ilmankosteus

kilat

salama

petir

ukkonen

ribut

myrsky

hujan batu

rae

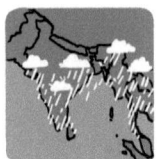

monsun

monsuuni

banjir

tulva

ais

jää

Januari

tammikuu

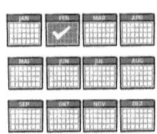

Februari

helmikuu

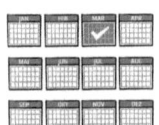

Mac

maaliskuu

April

huhtikuu

Mei

toukokuu

Jun

kesäkuu

Julai

heinäkuu

Ogos

elokuu

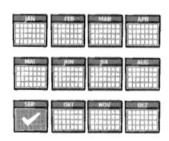

September
....
syyskuu

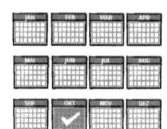

Oktober
....
lokakuu

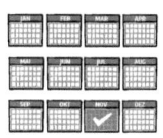

November
....
marraskuu

Disember
....
joulukuu

bentuk
muodot

bulatan
....
ympyrä

petak
....
neliö

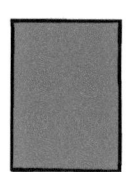

segi empat tepat
....
suorakulmio

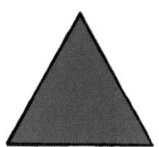

segitiga
....
kolmio

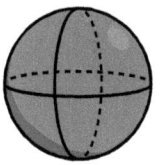

sfera
....
pallo

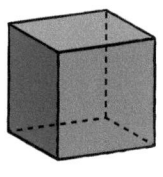

kiub
....
kuutio

putih

valkoinen

kuning

keltainen

oren

oranssi

merah jambu

vaaleanpunainen

merah

punainen

ungu

violetti

biru

sininen

hijau

vihreä

coklat

ruskea

kelabu

harmaa

hitam

musta

banyak / sedikit

paljon / vähän

marah / tenang

vihainen / ystävällinen

cantik / hodoh

kaunis / ruma

bermula / tamat

alku / loppu

besar kecil

suuri / pieni

terang / gelap

vaalea / tumma

abang / kakak

veli / sisko

bersih / kotor

puhdas / likainen

lengkap / tidak lengkap

täydellinen / epätäydellinen

hari / malam

päivä / yö

mati / hidup

kuollut / elävä

luas / sempit

leveä / kapea

boleh dimakan / tidak boleh dimakan

syötävä / syömäkelvoton

jahat / baik

paha / kiltti

teruja / bosan

innostunut / tylsistynyt

gemuk / kurus

lihava / laiha

pertama / terakhir

ensimmäinen / viimeinen

kawan / musuh

ystävä / vihollinen

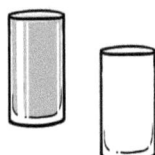

penuh / kosong

täysi / tyhjä

keras / lembut

kova / pehmeä

berat / ringan

painava / kevyt

lapar / dahaga

nälkä / jano

sakit / sihat

sairas / terve

menyalahi undang-undang / undang-undang

laiton / laillinen

pintar / bodoh

älykäs / tyhmä

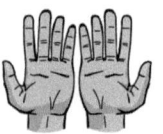

kiri / kanan

vasen / oikea

dekat / jauh

lähellä / kaukana

baru / lama

uusi / käytetty

tiada / sesuatu

ei mitään / jotain

tua / muda

vanha / nuori

hidup / mati

päällä / pois päältä

terbuka / tertutup

auki / kiinni

diam / bising

hiljainen / äänekäs

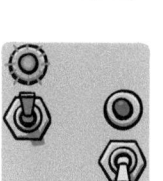

kaya / miskin

rikas / köyhä

betul / salah

oikein / väärin

kasar / halus

karhea / sileä

sedih / gembira

surullinen / iloinen

pendek / panjang

lyhyt / pitkä

lambat / laju

hidas / nopea

basah / kering

märkä / kuiva

panas / sejuk

lämmin / viileä

berperang / berdamai

sota / rauha

0	**1**	**2**
sifar	satu	dua
nolla	yksi	kaksi

3	**4**	**5**
tiga	empat	lima
kolme	neljä	viisi

6	**7**	**8**
enam	tujuh	lapan
kuusi	seitsemän	kahdeksan

9	**10**	**11**
sembilan	sepuluh	sebelas
yhdeksän	kymmenen	yksitoista

12

dua belas

kaksitoista

13

tiga belas

kolmetoista

14

empat belas

neljätoista

15

lima belas

viisitoista

16

enam belas

kuusitoista

17

tujuh belas

seitsemäntoista

18

lapan belas

kahdeksantoista

19

Sembilan belas

yhdeksäntoista

20

dua puluh

kaksikymmentä

100

ratus

sata

1.000

ribu

tuhat

1.000.000

juta

miljoona

bahasa-bahasa
kielet

Bahasa Inggeris

englanti

Bahasa Inggeris Amerika

amerikanenglanti

Bahasa Cina Mandarin

mandariinikiina

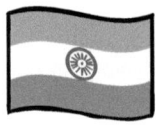

Bahasa Hindi

hindi

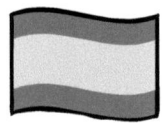

Bahasa Sepanyol

espanja

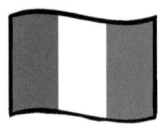

Bahasa Perancis

ranska

Bahasa Arab

arabia

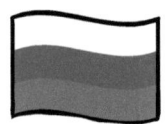

Bahasa Rusia

venäjä

Bahasa Portugis

portugali

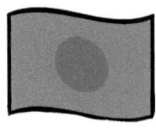

Bahasa Benggali

bengali

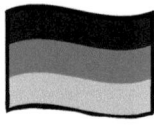

Bahasa Jerman

saksa

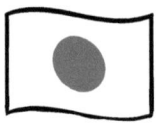

Bahasa Jepun

japani

saya

minä

anda

sinä

dia / dia / ia

hän

kita

me

anda

te

mereka

he

siapa?

kuka?

apa?

mitä / mikä?

bagaimana?

miten?

di mana?

missä?

bila?

milloin?

nama

nimi

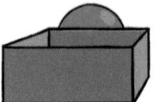

belakang

takana

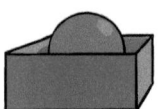

dalam

sisällä

di hadapan

edessä

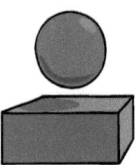

lebih

yläpuolella

pada

päällä

di bawah

alapuolella

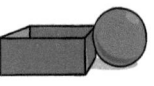

bersebelahan

vieressä

antara

välissä

tempat

paikka